CONSOLAÇÕES

Editora Appris Ltda.
1.ª Edição - Copyright© 2022 dos autores
Direitos de Edição Reservados à Editora Appris Ltda.

Nenhuma parte desta obra poderá ser utilizada indevidamente, sem estar de acordo com a Lei nº 9.610/98. Se incorreções forem encontradas, serão de exclusiva responsabilidade de seus organizadores. Foi realizado o Depósito Legal na Fundação Biblioteca Nacional, de acordo com as Leis n.os 10.994, de 14/12/2004, e 12.192, de 14/01/2010.

Catalogação na Fonte
Elaborado por: Josefina A. S. Guedes
Bibliotecária CRB 9/870

J862c 2022	Joukhadar, Isaac Consolações / Isaac Joukhadar. - 1. ed. - Curitiba : Appris, 2022. 109 p. ; 21 cm. ISBN 978-65-250-2924-5 1. Poesia brasileira. I. Título. CDD – 869.1

Livro de acordo com a normalização técnica da ABNT

Appris *editora*

Editora e Livraria Appris Ltda.
Av. Manoel Ribas, 2265 – Mercês
Curitiba/PR – CEP: 80810-002
Tel. (41) 3156 - 4731
www.editoraappris.com.br

Printed in Brazil
Impresso no Brasil

ISAAC JOUKHADAR

CONSOLAÇÕES

FICHA TÉCNICA

EDITORIAL	Augusto V. de A. Coelho
	Marli Caetano
	Sara C. de Andrade Coelho
COMITÊ EDITORIAL	Andréa Barbosa Gouveia - UFPR
	Edmeire C. Pereira - UFPR
	Iraneide da Silva - UFC
	Jacques de Lima Ferreira - UP
ASSESSORIA EDITORIAL	Manuella Marquetti
REVISÃO	José A. Ramos Junior
PRODUÇÃO EDITORIAL	William Rodrigues
DIAGRAMAÇÃO	Bruno Ferreira Nascimento
CAPA	Sheila Alves
COMUNICAÇÃO	Carlos Eduardo Pereira
	Débora Nazário
	Karla Pipolo Olegário
LIVRARIAS E EVENTOS	Estevão Misael
GERÊNCIA DE FINANÇAS	Selma Maria Fernandes do Valle

O nome que pode ser falado não é o Nome.
O caminho que pode ser verbalizado não é o Caminho

(Lao Tse em Tao-Te-Ching)

SUMÁRIO

Ícone 13

Como prender meu amor a mim? 13

Meu amor tossindo no quarto 14

Uma página em branco escrita pelo leitor 14

Fúria 14

Esboços 15

As flores do campo 15

Café da manhã 16

Que tenho a vos dar, carne fustigada pelos anos? 16

Luto 17

Somos herdeiros de quem já se foi 17

É como gritar em silêncio ao olhar estupefato de surdos 18

De verdade 18

Em vão beijei teus lábios, adormecida 19

Repentinamente o mundo 20

Morte 21

Desejo 22

Cigarro 22

A oração não pede, não suplica .23

Sombra 23

Com o outro só conhece o terror 24

Fanatismo 24

Todos os objetos do mundo 24

O Caminho 25

Meus passos ecoam longamente na rua vazia 26

Sexdrácula 27

Descenso funéreo 28

Vimos suas palavras entremeadas de sorrisos 28

Amparai-nos, fracos sofredores 29

Livre arbítrio? 29

Vossas túmidas formas não são de Darwin 30

As palavras 30

Atrasado. 31

Doce tempestade após o deserto gelado 31

Poema do burguês satisfeito 32

Em minha terra não há alcandorados montes nevosos. 32

Pelos séculos dos séculos 33

Espaço tempo 33

Por que caminhais tão sempre e tão vã? 34

Almoço de domingo. 34

Fingirei contigo 34

Começo meio e fim 35

Subitamente descobri meu umbigo! 36

Dicionário. 36

Oinos 37

Vulcânico vinho 37

Que é de alcandoradas penhas? 38

Veleidades, pu-las de lado 38

As grandiosas obras do Homem 38

A opção preferencial pelos pobres 39

Holocausto 39

Gástrica 40

Pantagruel 40

Asco 42

Mares nunca dantes navegados. 43

Fotografando, esqueci de viajar. 43

Naufrágio 44

Beleza 44

"O homem às vezes prefere o sofrimento à paixão" (Dostoievski) 45

Trama em silêncio tua liberdade 45

Sucessores da palavra! 46

As palavras tentam dizer o indizível não dizendo 47

Ao caminhar pela poesia. 47

Homens transidos no inferno 48

Preludio em dó menor 48

Hoje choro por ti 49

A escuridão atroadora invejando 49

Meu amor se foi para sempre 49

Venha acolher meu verso magoado 51

É tão gostoso pedir 51

O fanático 52

O sádico e o masoquista 52

Fanatismo. 52

Na vala comum das lembranças 53

Morte em Epicuro 54

Emoção? Claro! 55

O que anima teu corpo não é hardware? 55

Perplexidade 56

Você você você 56

As igrejas e mercados feitos de carne 57

A bainha feminina 57

De manhã 58

Peixe para a quaresma 58

Pedaços 59

Bebemos o mito com duas pedras de gelo 59

Ressentimento 60

Combate mensageiros o descrente militante 60

Yeats 60

Vivências diuturnas cotidianas 61

O milionário entediado 61

Passa a vida a buscar o que está à sua frente 62

Dor. 62

Como precisamos de amor, ... 63

Ao saber que ia morrer 63

Viajar pela dor 63

Dragão invisível subterrâneo 64

O meu olhar é o mais potente telescópio 64

Tentando ler Rumi 65
Amor silêncio 65
Foste tu quem roubou meu coração 65
Ele 66
Nesga de céu em coração de outono. 66
Imensurável arrancar de minhas carnes!. 66
Sortilégio 67
Sentida busca pelo sentido 68
Sopa da vovó 68
Desconstruindo a palavra 68
O rosto. 69
O leite de mamãe 70
E diariamente nos embriagamos. 70
A morte vem colhendo devagar. 71
Fetálcool 71
Guardião do sono de meus filhos. 72
Meu coração pertence ao mundo. 72
A rendição da palavra. 72
Amanhã em Jerusalém 73
Caverna escura infinita 74
A morte 74
E se me confrange a mim o incognoscível 75
Pobre, descobri-me rico 75
Sou o cursor orgulhoso que desliza pela tela. 75
Vou acontecendo a cada instante. 75
Poesia 76
Miguel Arcanjo. 76
Formas caóticas 76
Poema do condomínio 77
No filme recebes tua própria mensagem 77
As ossadas de meus maiores 78
Fanatismo. 78
2001 Uma Odisseia no Espaço 79

O apagamento do significante e do significado 79

Nirvana não é Deus nem pessoa 80

Acordei de madrugada 80

Toalhinhas dobradas 80

Sobre Viver 81

Rezar orar pedir amaldiçoar 81

O óbvio é invisível 82

Em vão buscamos um corpo para um nome 82

Algo que quer nascer 82

Meu crânio velado 83

Dos sonhos embalados 83

De repente os caminhos se fecham sobre si mesmos 83

Cada esquina de um verso pode ser a morada de Deus 84

Matemática 84

Desejo 84

Um poderoso navio 85

Inferno também é poesia 85

Despedida 85

Poema da mulher sacrificada 86

Hedonista 87

Atendei aos inevitáveis clamores 87

Retorno 88

Já vi tudo que deveria ter visto 88

Buscai um espelho certo 88

Rosa romã 89

Prossiga com a ficção do firmamento 89

Íntima 89

Não tenho estrelas 90

Brotou de não sei onde um juvenil fulgor 90

No silêncio da dor 90

Sutil curva de teu colo 91

As lembranças perdidas dentro de ti 92

Teu sorriso sério aberto 92

És a cratera do vulcão que me explodiu... 92

Vossa ensolarada alegria... 92

Enfim quero morrer muito!... 93

Perfume feiticeiro de vosso corpo, para quê?... 93

Tudo se tornou violeta... 93

Do inominado... 94

Hino do amor ao amor... 95

Morrer me foi a triste herança de teu olhar... 95

Que sois que me fizestes... 96

Galopai em campos céleres de cornetas... 96

Magnetizado, bebeu vossa indisfarçável beleza... 97

Quão rico é o encanto posto ser fugaz!... 97

De vós, nosso olhar se abeberou infindável... 98

Templo... 98

Nascimento em morte... 99

A poesia não fala... 99

Eu sei perder, mas por que amputar metade de mim?... 101

Do triturado Jó... 101

Agonia e perda... 102

O não haver sentido é que me assombra!... 103

Tu és criador, dizem... 103

Cheiro de sangue e mirra... 104

Dissolva-me, Deus, em poeira da estrada... 104

Quando oro a Ti implorando... 105

Vamos celebrar o espanto... 105

Pontos nodais e privilegiados do mundo... 105

Deus não é a natureza, fria, ateia disfarçada... 106

És dor arrancada de minhas entranhas... 106

O encontro... 106

A mão... 107

Meu cachorro de vidro... 107

Nuvem obra do Demo... 108

Redescobrindo "De profundis"... 108

Ícone

Por detrás do ícone (não) vejo
A criança de mãos gorduchas
Segurando o sol
Brincando com ele.
O reconheço.

Como prender meu amor a mim?

Como prender a brisa?
Presa, se torna inerte bafio decadente.
É como possuir sem tê-la.
É deixá-la livre, inteira, selvagem,
Verdadeira!
Que permanente (e necessária)
Inquietude de perdê-la!

Meu amor tossindo no quarto

Extinguindo-se.
Punhaladas
Em meu peito.

Uma página em branco escrita pelo leitor

O leitor faz poesia enquanto lê
Cada verso é único, cada momento é único.
Quem escreve não sabe a poesia do leitor
Quem lê faz sua poesia
Que só existe dentro dele.

Fúria

E brota um alento
De repente
Que desperta
Uma tempestade irreprimível,
Um tanger crescente, duro, enérgico, furioso.
Que cresce e explode a cada instante.

Esboços

Cordas roídas, mastros partidos
Não me arranques, não me doas
Cadê meu amor a quem amo
Tão completamente!
Cadê seu rosto, cadê seu nome
Que se perdeu
Irremediavelmente.

As flores do campo

Humildes
Caóticas
Intrusas!
Invadem a geometria perfeita do jardim.

Café da manhã

Matinal farol sorridente
Cheiro de pão quente
Café com leite.
Balconista de sempre,
Sempre
Calorosamente presente
Chova ou faça sol
Oásis
Trégua
Onde eu
Desconhecido
Sou esperado
Conhecido
Reconhecido.

Que tenho a vos dar, carne fustigada pelos anos?

Vãos despojos de fracassadas liças com o destino.

Luto

"Não vos preocupeis, ela já está sedada"
Sua dor não nos incomodará mais.
Mas em vão tentava ela chorar
Seus gritos não expeliam a dor,
A dor cadáver
Obstruída
Ocluída
Retalhada
Sedada
Apodrecida
Nem dor nem alívio,
A dor ficou então para sempre.
Nunca mais.

Somos herdeiros de quem já se foi

Eu acordei rico de repente
Um velho recém-nascido.
Cuidamos um do outro como sabíamos.
Choramos ambos a perda irrecorrível
Você ficou com a pele seca e morta nas mãos
De um animal morto e extinto

E eu, que recebi de graça esta graça
Fico com a lancinante dor do regozijo
E olho para você com muito carinho
Herdeiros que somos do sofrimento
Deste animal morto e extinto
Que me pariu a mim
Assim como a longa sombra do velho carvalho
No ocaso do dia.

É como gritar em silêncio ao olhar estupefato de surdos

Como alcançá-los, meros terráqueos?
Como meus pensamentos viajarão a vossos mundos distantes?
Estou com a mensagem, mas como entregá-la?

De verdade

Um
Fragmento do mesquinho orgulho
Que não conhecia
Outro

Misturado a sangue e secreções

Pecados ocultos e esquecidos

Outro

Espelho fino de papel

Vossa imagem superficial e rala.

Em vão beijei teus lábios, adormecida

Faltava a essência de teu semblante

Descobri-me pedaço de mim faltante

Tosco monumento à incompletude.

Fui buscar-te dispersa pelo mundo

Despedaçada.

Um pedaço, achei congelado e seco à cordilheira

Outro, à umbrosa silva enternecida e úmida

E de um feroz dragão de fancaria

A quem pespeguei um lançaço louco

Extraí do âmago um você disforme.

E no oceano cósmico onde busquei milênios

Lobriguei-te hirta, à sombra nebulosa.

Cadê meu amor, que não respira!

Não lhe infundiste Deus o seu sagrado sopro?

Que lhe falta, Deus, que eu não a tenho?

O que restar de vida me será buscá-la!

E juntei os fragmentos em lavor de Aracne
Em suprema maestria de um querer supremo.
De minha amada fulva quero a trança sorrateira
Que em murta agreste enrodilhada esperta
Formosa metamorfoseia
E que me não escapes mais
Minha doce borralheira.

Repentinamente o mundo

Tão súbito
Pele eriçada
Mundo contundente
Explosão de cor e encantamento
Maravilhai-vos em estupor paralisante
(Em lágrimas e arquejos).
Como não te percebi antes, mundo!

Morte

Antes, o mero deslizar de sons e imagens
E de repente o golpe súbito (o assombro)
Glorioso, abrupto.
Isto sim me faz jus à morte
Não o deslizar anódino e anestesiado
Repetido
Morte morto.
Falecer sucessivo
A vida morta não merece a morte.

Um espectro de calva luzidia e profundos óculos verde-escuros assomou, chegado de um mundo subterrâneo de há muito extinto. Me nauseou de nostalgia horrífica.

A fusão é meu destino e dele não me apartarei
De nada mais preciso
Já que nada tenho.

Desejo

Pois o único
Último
E primeiro desejo
É o apagar da velha chama

Cigarro

Por que brandir o cigarro em nosso rosto?
Seu impacto
Não aduz
Não apraz
Não seduz
Prazer secreto de iniciados
Prazer gratuito sem esforço

Sem trabalho nem merecimento
De feto, de pré-animal
Caminho para o sempre retorno
Ao infernal éden sorrateiro.

A oração não pede, não suplica

É um atônito embevecimento
Do existir a cada agora
(O primado da inconsútil Presença)

Sombra

Luar
Simplesmente não conhecia
A sombra que a árvore fazia.
Árvore
Simplesmente eu não sabia
A sombra que o luar fazia.

Com o outro só conhece o terror

Cercado, buscou o sonho
Onde se esconde do medo
Fascínio, horror à alteridade
Luta sem quartel sem saída.

Fanatismo

Nas coisas do mundo enxergam
Monstros e heróis do passado
Mágoas e desejos malogrados

Todos os objetos do mundo

Todas as coisas, ideias
Passam por mim
Inevitavelmente.
Mesmo quando as contam
Também passam por mim.

As revelações dos mestres
Os informes de espiões
Tudo passa por mim
Senão as não saberia.
Sequer existiriam.

O Caminho

Não tem fim
O fim é o Caminho
Deus não está nas palavras
Mas na imagem que elas apontam
Está no cheiro dos objetos, na cor, no brilho
Nas formas e no tamanho das coisas.
E no desenrolar fatídico desta vida.
Segura a asa da xícara e bebe de seu conteúdo.
Bebe a rima o ritmo a música
Para que alcancem a mola mestra intocada
O Caminho.

Meus passos ecoam longamente na rua vazia

Escura

Apagada

Casas vazias, lojas fechadas, prédios desertos

São ecos gelados de meus passos incertos

Que, tangidos pelo vento inútil

Vão se apagando na rua solitária.

Até que sou apenas eco de passos

Desabitados

Sem casas sem luz sem lojas sem vida sem nada.

Sexdrácula

Longas sombras
Antigos pecados entocados
Intocados
Sangue secretas secreções
Secretadas
Peste transmitida
Por gerações
Violações
Dracularmente
Clandestinamente.
Invisível como a nudez do rei.
Gerações constituídas
Em silencioso gozo
Gozo sem medida
Secretadamente.

Descenso funéreo

Álgidas náiades
Enternecidas
Chicoteadas bigas.
Nada à frente obstando
A arremetida cega, enfurecida e plena.

Vimos suas palavras entremeadas de sorrisos

E mimosos gestos
E de seu cheiro
E dos objetos a seus cuidados.
Mas o que está em nós ao vê-la
Não são suas delicadas prendas,
Cheiros e saberes e sorrisos cativantes
Nem seus amoráveis bibelôs de terracota.
O que está em nós ao vê-la
Não se mede com proveta ou metro.
Estamos em sintonia, você diz.
Mas sintonia é uma palavra invisível.

Amparai-nos, fracos sofredores

Poupem nossa frouxidão e nossos fracassos
Vejo em ti frágil e asquerosa criatura
A minha fraqueza e os meus pecados.
Por isto te amo em mim, à nossa homenagem
E te odeio por me odiar o ódio.

Livre arbítrio?

Sejas leve com teus pecados
Teus caminhos aleatórios
São os caminhos possíveis.
Como saber se controlas
Ou se somente és?
Tanto faz.
Teus atos serão soma dos vetores?
Que vil materialista, como te atreves?
Apenas não sabes, simples assim.
Sou contra as certezas consumadas
Nada é certo, nem tudo é certo.
Minha cabeça é feita de cimento e aço
É forte, potente

Mas não resisto a me digladiar
Com a poderosa certeza
Do aço e do cimento
Tão fracos, só sabem ser fortes.

Vossas túmidas formas não são de Darwin

Qual seleção natural!
Por mais ciência que houver
Não explica vossas túmidas formas
Alimentando meu mim.

As palavras

São não palavras
São harmonias
Mergulhadas na superficialidade do comezinho
Embarafustadas por ignotas carreiras anódinas,
Apressurados avatares do destino
Palavras melodias
Melodias palavras

Atrasado

Alguns tão poucos minutos!
Absolver-me-ás de meus pecados?
De meus horários mentirosos
De meus minutos perdidos.
Meu fado amargo roubou séculos milênios!
Não me julgue por teu desvelo extremado
Extremosa!
Acordes de seis cordas
Acordas
Me basta um longo e silencioso abraço
Somente.

Doce tempestade após o deserto gelado

Fugi desassombrada de tão vis patranhas
Mas que doce tempestade após o seco deserto
Gelado.

Poema do burguês satisfeito
Realizado. Pleno. Repleto.
Nada mais assanha o ódio tanto.

Em minha terra não há alcandorados montes nevosos
Nem tronos em estrados altaneiros
Onde não há acima nem abaixo.
Mas há um cantinho que acolhe
Os meus velhos e cansados ossos.

Pelos séculos dos séculos

Arrebatado
Imensurável olhar
Inesperado
Luminoso
Fecundante e urgente
E que desvairadamente
Oscila às ondas,
À beira da voragem!

Espaço tempo

Ao encurvar torcido
Desses caminhos torpes
Sem razão nem motivo.
Engalanados.
Ao som de um Novo Mundo.

Por que caminhais tão sempre e tão vã?

Deliciai-vos com o sofrimento
Contínuo
Diuturno
Libidinoso.

Almoço de domingo

Ressumáveis frutuosas gotas
Nacos côdeas e fatias.
Vapores, alimentos
Saudáveis e corados
Como a comida de domingo

Fingirei contigo
Fingiremos juntos
Até voltar meus passos aos passos do menino

Começo meio e fim

O público exige
Qualquer história há de ter começo meio e fim.
Mesmo emudecendo a verdade.
Uma história de fadas é nossa história natural
Era uma vez, felizes para sempre!
Fingimos saber, se houver começo meio e fim.
Corta-me a respiração apenas
A estranha magia desvelada
Inescrutabilidade siderada!
Sideral.
A grande explosão inicial?
Não vedes o assombro perfilado entre os mundos?
Eterno jogo do não/saber
Para fazer sentido precisa ter começo meio e fim
Mesmo que não faça sentido algum
Apenas um torpe entorpecido
Começo meio e fim!

Subitamente descobri meu umbigo!
Que esteve sempre lá.
Que melhor companhia preciso?
Quem precisa de mais?
Metade de mim aderiu-se ao umbigo
De tal forma e tanto
Que não nos distinguíamos mais.
Voltei, pois, ao abrigo seguro
Sem dele nunca ter saído.

Dicionário

Impávido sobranceiro na estante.
Entre teias
Nos mostra um olhar canino de abandono;
Eu que no google padeço
Um insensato recomeço
À busca, sempre à busca.

Oinos

Vinho verborrágico
Rasga o caminho em que exangue mergulhas
Até fazer brotar um novo caule sanguinoso
Teu nome significa morte
Embora nos alegres, ainda é morte
Buscada no poema da transformação

Vulcânico vinho

Da cratera pétrea tampa
Penha bloco se remove
Permitindo açodadas lavas
Clastos e ardentes cinzas
Fecundar as campinas.
Vinho que grossa rolha proibia
A ascensão de tão glorioso fluido.
Mas eis que se abre o caminho
E a doadora orgânica torrente
Irrompe generosa abundante
Submergindo o mar-oceano.
E se transforma em sangue de Afrodite

Que é de alcandoradas penhas?

O mundo ferve lá embaixo
Prenhe.
Moribunda criação extinção.
És mundo círculo
Começo meio e fim?
Pois cada saber atende ao sabedor tão somente.

Veleidades, pu-las de lado

Que cínico, reencetei
A arrependida e funérea descida.

As grandiosas obras do Homem

Qual obras qual nada
Qual Homem qual nada!
Por que desta empáfia?
Em vosso sangue corre a seiva da Terra
Vossa carne é o pó do chão

Vosso coração um tonitruante bramido
Telúrico, planetário.
Nossas grandiosas obras?
Apenas brotam das pedras,
Angustiosamente.
Somos e não somos parte do que nos cerca.

A opção preferencial pelos pobres

Pelos fracos, sofredores, desvalidos!
É irresistível optar pelos fracos
Pois somos sempre fracos, pobres
Mesmo que ricos, fartos e fortes.
O fraco nos faz mais fortes
O sofredor nos faz felizes.

Holocausto

Pequenina ossada escondida
Encolhida
Silencioso grito travado,
Insepulto
Inodoro hino à Maldade.

Gástrica

Fumegante caldo
Aquece as entranhas.
Acetinado sumo
Impregna de alívio e gozo.

Pantagruel

Abrutalhados ogros
Boçais labregos
Broncos sebentos
Barbas e melenas desgrenhadas
Iniciam orgíaco festim
Imundas mãos à guisa de talheres.
Pelo desnudo tórax peludo
Pelos, barbas, punhos e melenas
Molhos, farinhas e gorduras
Desfilam
Desassombrados
Emporcalhados
As carnes e os sebosos
Em ossos emoldurados

Consolações

Com as mãos de pronto devoradas.
Ao mastigar feroz,
Os roncos encatarrados
Nauseantes assobios
A solta gargalhada
Homérica
Estentórica
Grotesca.
Os dentes à mostra,
Da gosma mastigada
Da boca escancarada
Imunda chuveirada.
Disputam perdigotos
Mastigados acepipes.
De súbito o ogro inclina-se,
E desfecha o flato ribombante
Que desce redondo e trovejante
De radioativa digestão entremeada.
Tábuas toscas dos bancos assim sopradas
Vibradas por glúteos estradivários.
Sinfonia pútrida de olores ressumados
O atordoar sísmico de um flato nuclear.
E a fétida nuvem de gás impregnando o mundo
Cegando os sentidos de fedor total
Obsceno, acachapante.

Pituitárias aromadas com sutis voláteis

Inescapavelmente.

Da faringe repleta,

O bafio cárneo

Decomposto

E a barriga obscena

Roncante, gigantesca,

Abdômen majestoso

De frementes banhas tremulantes,

Do repasto insano os restos gotejantes

Da távola pesada, arcada de iguarias

Ogros gorgolejam trirroncantes,

Digestivas acrobacias

Em deglutição desesperada

Furibunda!

Ruidosos arrotos em escala musical.

Asco

Eructos tosses espirros ranhos pigarros flatos e boduns.

Detesto os meus e os vossos até o mais extremado horror

Que lembra longos e esquecidos momentos

Que por sob o tapete

A memória forceja encobrir.

Mares nunca dantes navegados

Ao redor de mim
O fragor do vento
Monstruosas ondas
O céu acima
O abismo abaixo
Terror terror.

Fotografando, esqueci de viajar

Tão longe viajei
Sem sair daqui
Só levei meu corpo
E minha máquina.
Mas nada vi
Nada senti
Nada comi.
Somente imagens
Na pálida tela do esquecimento.

Naufrágio

Nem terra para os pés
Nem água para a boca
Nem erva para as unhas
Escalavradas.
Sufocado no oceano,
Da água nada sei.
Sei apenas
Da minha sôfrega dança letal
De meu lúbrico horror de não ser
De meu corpo perdido, esquecido.

Beleza

Bebeu faminto o rosto encantado,
Inesgotavelmente
Queria sua amada com furor tamanho
Bem maior que sexo
Mas sabe que não a alcançará
Tão completamente.

"O homem às vezes prefere o sofrimento à paixão" (Dostoievski)

Sorriso congelado à frente!
Agonia escondida
Vulcão sopitado
Ressaibo de amargura que envenena.
Coragem, cara!
Logo a bandeirada
Fulminante.
Finalmente.

Trama em silêncio tua liberdade

Até vagares ao léu, no oceano
Sequioso e faminto.
Destronai o fremir majestático
Até desfechar o frontal ataque.
O coração chora de assombro
No limiar doce do mistério
Que habita um mundo
Sem tempo nem espaço,
Na beirada do nada.

Sucessores da palavra!

Clamai em desespero brilhante
E rogai a vossos maiores
Um furioso abraço de vida.
Correi elfos e náiades
Empanturrados de alho e sabonete
Escondei vossas insígnias
Cuidai dos lábios cobiçosos e sombrios
Dirigi-vos à terra do nada
Impregnada do amargor melífero
À goma donde pende minha honra
Dirigi-vos, plêiade de heróis
Insensatos, à antecâmara
Vesti e escondei vossas insígnias do mundo
Separai-vos, apartai-vos do século
Para tornar nele penetrar de rijo!
Impregnai-vos dos sons imemoriais
E dos olores idiossincrásicos, ignotos
Transformai-vos em fixos ícones
Visitantes do tempo e das distâncias
Gritai, gritai, de estupor espúrio e merencório.
Oh, ramosos ciprestes, carregados de vento e chuva
Violentos desideratos amolgam vossos elmos
Até quedardes passivos num sonho infindável.

Escorrei por folhas zimbradas de espavento
Enrodilhadas em lúgubres carcaças
Até vos mesclardes a empedernidos apóstatas
Cheios de brilho e esperteza
E de louçã senescência escalavrada.

As palavras tentam dizer o indizível não dizendo
Cada palavra está presa a um formato
Usa a métrica, a ressonância, o ritmo, a rima
Fugindo de si mesma
Ávida por escapar da literalidade.

Ao caminhar pela poesia
Juntamos
Objetos em nossa cesta
Objetos invisíveis que nos escolhem
Mas não invisíveis aos cegos
Que os enxergam nitidamente.

Homens transidos no inferno

Horror e sofrimento.

Feixes de ossos encarquilhados.

Muco repulsivo e contundente

Cuspidas vituperantes agressivas

Ressumam maldade

São humanidade.

Podre suja asquerosa.

Preludio em dó menor

Dois minutos dezoito segundos

Em um nada transformados

Um sutil nada flutuante

Em víscera pulsante

Subindo e descendo

Ao sabor das notas

Hoje choro por ti

Após tanto tempo
Descobri o que estava coberto pelo tempo eterno
Dos olhos vermelhos escondidos
E o lamento infinito
Sem remédio, sem consolo sem nada
Só perda, só desespero.
Nada remedeia nem conforta
Só a beleza horrenda da poesia
Que irrompe como um vômito convulso.

A escuridão atroadora invejando
A luminosa claridade do êxtase.

Meu amor se foi para sempre
Mas não canso de procurar
Uma causa perdida.
Quem tem o condão de aliviar
E me conter dentro dos limites convencionais.
Mas preciso de mais, muito mais

Preciso de teus olhos
Sejam castanhos, azuis ou verdes
Mas olhos olhando para mim
Para mim só para mim
Que me eleves para além
Do mundo sem esperança
Não sou daqui não sei donde sou
Se das galáxias, Avalon ou Nirvana
Vim duma falta insolúvel
Que me dói mais que tudo.
O que vejo em vós
É a explosão do desespero
Da procura
Sem remédio
Sem esperança
Sem morte sem solução
Para sempre para sempre não me canso de repetir
Às vezes não acredito na imutabilidade
Na inexorabilidade
Nem sequer esperança.
Um jorro de angústia é minha poesia
Um clamor ao ignoto, desconhecido
Minha última esperança
Até a perda irremediável de tudo e de todos.

Venha acolher meu verso magoado
Aliviar com abraço meu corpo dorido.
Para sempre seja louvado!
Permita que me apresente:
Represento a coisa ruim
Que nem a morte alivia
Comi e bebi até a exaustão
Me acode, meu Deus meu Deus
Em vão
Os credos
As rezas
As bênçãos.

É tão gostoso pedir
A lingerie clamante
Só recordação só saudade
Sem sentido

O fanático

No fundo sabe
Que não há certeza,
O que acentua a crueza
A intolerância, o ódio
De ficar suspenso no ar
Sem solução.

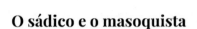

O sádico e o masoquista

O masoquista assume o sadismo
Do outro mirando em si.
O sádico mira no outro
Seu próprio masoquismo.
E vice-versa se alternam.
Não sabem não ser assim.

Fanatismo

Quanto mais busca a certeza
Mais dela se afasta
Mais ódio intolerante
De um final inalcançável

De solução tão distante.

Engessa a verdade

Quebradiça

(Verdade que sabe a ilusão).

A convencer o outro do delírio.

A dissolver sua teimosa crença,

Nasce-lhe o ódio ao cético

Descrença inscrita nele mesmo

Que lhe faz a vida insuportável

Pendurado no ar

Na dúvida invisível.

Solto no terror de não saber

No limiar da dissolução.

Cercado, buscou o sonho

Onde se esconde do medo

Fascínio, horror à alteridade

Luta sem quartel ou piedade.

Na vala comum das lembranças

Fugiu-me a imagem

Perdeu-se o nome

Morte em Epicuro

Desiste de falar da vida
Assim como da morte
Emoções supremas
Uma lá outra cá
Não se misturam
Uma não sabe da outra.
Saber o que é vida? Só se estiver fora dela
Que sabemos dela se ainda não morremos?
Mas a morte não se sente
Pois a morte de mim não é dor nem vida
A morte do outro não é morte
É perda, arrancamento
Os que morreram me foram tirados
Senti a dor, claro, estava vivo
Só posso falar da morte se estiver fora dela
Você pode viver a morte?
Mas fora dela nada sei
Dentro dela, que direi?

Emoção? Claro!
É endorfina ou serotonina.
Apenas palavras tolas.
Inventamos explicações que não explicam nada.
Isto é endorfina
Aquilo, serotonina.
Fingimos acreditar
Fingimos estar satisfeitos
Meras palavras, nada mais.

O que anima teu corpo não é hardware?
Talvez software
Talvez não se saiba.
Vide o passarinho
Cantando de galho em galho
Súbito cai morto ao chão
O grito, o canto congelado.
E o vento levanta e espalha
As penas, as dores, o silêncio, o pó.

Perplexidade

Perdidas soltas perguntas
Queremos uma caixa quadrada
E que tenha limites
De uma fôrma convencional
Em uma forma usual
De que eu possa dizer aqui começa e aqui termina
Só cabe isto e aquilo
Que caiba o desconhecido.
Fingimos acreditar na explicação
Que cabe na caixa quadrada
Mesmo que não faça sentido.
Prefiro sentar à beira do rio
Contar as moléculas de vento e de sol.

Você você você

Que despertou na minha alma vazia
A poesia
Que povoou de intensidade e fervor
Os meus soluços
Aquele eu e aquele tempo em que eu podia
E não sabia.

As igrejas e mercados feitos de carne

E ruído.

Mas o que se tornou carne?

Deixai em silêncio completo

Vossa carne e ouvidos e olhos

Não é pergunta nem resposta

Apenas hálito.

O cálido sopro do espírito

O peito em yin yang

Sístole e diástole

O mundo em código binário

O sopro sem resposta

Vazio e repleto

Repleto e vazio Silêncio

Em silêncio olhos ouvidos e carnes

Apenas o sopro do espírito.

Não há perguntas não há respostas.

A bainha feminina

Comprime

Esmaga

A vida

Para que possa viver.

Ele não veio mas mandou representante
O soturno morador deste meu eu agora.

De manhã
Dia longo pela frente
Café com leite
Chapa quente
O vazio cheio do silêncio gelado
O nada me habitando.

Peixe para a quaresma
Agonia lenta agonia
O peixe sufoca longamente
Até morrer
Lenta e desesperadamente
Celebrando a indignidade
A hipocrisia
A iniquidade
A ignorância
Travestidas de piedade
Do dia da Paixão.
(Até ser comido pelos abutres).

Pedaços

Fragmentos pedaços imersos dispersos
Teimando em alcançar o mar.
Onde os dispersos fragmentos imersos pedaços
Se espalham, se perdem, pra sempre.
São pedaços do mundo
Que me habitam e me são.

Bebemos o mito com duas pedras de gelo

Boreal Caledônia
Geladas urzentas névoas
Sangue mítico ocidental.
Como mitigar tanta energia
Que não cabe neste rio de lava?
Uísque com duas pedras de gelo!
Ícone orgulhoso
Do ocidental poder e prestígio.

Ressentimento

Camaradas da terra do Nunca!

Gritamos slogans que nos deram pra gritar

Até nausear.

Nos consumimos no calor do furioso Orlando

(Orlando Furioso de Ariosto quebra paradigmas clássicos de cavalaria andante, dos julgamentos humanos, de ideias preconcebidas)

Combate mensageiros o descrente militante

Intui para além das nuvens de chumbo.

Como Moisés é insuportável

Mirando o raio de luz ardente!

Yeats

Bizâncio é a fumaça do corpo extinto

Bizâncio está disperso por aí, inalcançável.

Vivências diuturnas cotidianas
De medos
De sonhos
De desejos
De pessoas.
Todo o essencial
Seja ganho
Seja perda
Já sentimos a falta

O milionário entediado
Recluso numa cela de seu palácio
É fácil nos libertarmos do desejo
Quando temos tudo
Bastando abrir a porta de nossa cela.
Samsara e as coisas vão fluindo, vão passando
Soberba mendicância
Controlando impulsos
Arroga-se onipotente controlador da psique.
Nos debatemos na ignorância,
Na incompletude
Mas a roda da vida não para.
Não para.

Passa a vida a buscar o que está à sua frente
Exaltação
Exultação do mistério
Se foi revelado então por que tanto mistério?
Este é o mistério
Esta é a revelação.

Dor
Demorei a senti-la
Ela que estava comigo
Todo o tempo
O tempo todo
Até que tarde demais
Fora do tempo
Consigo abraçá-la e conhecê-la
Ela que estava em silêncio.
Nela me transfigurei
Em dor fechada
Silente punhalada
Cobri a cabeça a não a ver
Hoje a quero inteira.
Comigo a meu lado.

Consolações

Como precisamos de amor,
De sermos amados!
O pet que nos ama, tão caro!
Inventado pra nos receber sorrindo.
Migalhas de amor!

O chinelo velho acolhe nossos pés doridos
Que retornam diariamente do combate.

Ao saber que ia morrer
De alívio se alegrou
Com zelo cuidou dos seus
Vestiu seu melhor olhar
Deitou seu melhor deitar
E à parede se abraçou.

Viajar pela dor
Pela primeira vez
Com olhos banhados pelo viajar

Longo ingente frenético
Às vezes sem esperança
Pela primeira vez
Como se fosse.

Dragão invisível subterrâneo
Bramindo fogo fumo pelas ventas
Ondas altas muralhas d'água
Continuam como nuvens,
Cinzentas, como baleias.

O meu olhar é o mais potente telescópio
Conduz galáxias pra dentro de mim.
Meu olhar é uma estrada
Sou feito das coisas
Que percorrem a estrada.
Assim sou feito, de tudo e de todos
Até onde meu olhar abarca e alcança.

Tentando ler Rumi

"Bateram à minha porta; quem és? Sou tu, me procurando"

Amor silêncio
Acenos sutis
Tênue fiapo
Nos ligando
Fragilmente
Vibra qual música
Pequenas adivinhações
Certeza certa ou quase.
Amor tecido volátil.

Foste tu quem roubou meu coração
Ele te habita agora

Ele

Sou filho daquele que não posso nem devo expressar nem falar nem descrever nem explicar. Um reverente silencio é a homenagem possível.

Como é difícil assumir o não saber!

Nesga de céu em coração de outono

Despido da fé antiga

Despeço-me

Para reencetar o desconhecido

Até descobri-lo escondido

Onde sempre esteve

E onde sempre soube estar.

Imensurável arrancar de minhas carnes!

Que o chorar convulso não expressa

Despedaçar insano de mim!

Quem me dera voltar a segurar vossas quentes mãos

No silêncio de minh'alma em festa!

Sortilégio

A música encanta
Donde vem não sabemos
Mas nos pega de surpresa
E engana direitinho
E ilude como fosse
Revelação divina
Metanoia.
Nada disso
Parasita infiltrada
Que engana sem remédio.
Donde estás, esperança
Onde te esconde, temerosa?
Busca na lógica matemática
E pior, a encontramos,
Embora tênue e dispersa
Sozinha desconsolada e carente,
Oferecendo a nós
Aquilo que preenche e completa
Supre, alimenta, conforta, repleta
O doce que falta, irresistível...
Que venha a funda dor da revelação
E mesmo vergados de prazer
Numa convulsão sem remorso nem memória

Sentida busca pelo sentido

Como um teorema
Passo a passo
Até uma luz numinosa
Atravessar o mundo.

Sopa da vovó

Fora, o vento zunindo.
A vidraça embaçada
O calor do fogão
Cheiro de pão
De sopa da vovó.

Desconstruindo a palavra
O ícone

Nirvana é Deus?
Ele não é pessoal?
(Posto se interesse por nós pois é necessariamente humano)
Nada pessoal, pessoal

Ou talvez peço au.
Apesar da imagem santa
Icônica e irônica
Ele é o que não vemos na imagem.

O rosto

Será a folha que cai seca?
Será o tremeluzir da estrela?
O rosto de Deus é o rosto de Deus
Para alguns, Deus é força de expressão
Para outros é uma projeção de mim mesmo.
Descrentes acreditam, mas não O sabem.

Sair dos caminhos conhecidos

Deixar flutuar o não significado

O leite de mamãe

Já nos esquecemos
De saber o seu (não) sabor
Nos sabia doce lactosado.
Hoje não mais.
Creme chocolate morango
Aromas inventados editados
Sabores novos aditados
Com a doçura cabal do açúcar.
Doçura total
Da planta ou do Diabo?
Diabetes!
Isolamos o sabor puro
E diariamente nos esquecemos da (não) doçura do leite de mamãe.
Cuja doçura já não nos basta.

E diariamente nos embriagamos

De imagens aromas sabores sons e toques
Laser, lesar os sentidos até a mais total embriaguez
Sem sentido, razão, causa ou motivo.

A morte vem colhendo devagar

O terror no horizonte
O terror não sabido.
E uma morte lenta
Apertando o peito.
Noite, mulheres, vinho, música
E que não mais acabe esta noite

Fetálcool

Em vã busca
O esquecimento
O entendimento
O saber pelo coração.
O estender de nossas frágeis panças
Sobre o tapete da exposição
Do enleio e da virtude.
A paixão que avassala e prorrompe
E que irrompe
Do desnaturado grão que envenena
Da solidão atroz de nosotros juntos
O horror de não saber, mas já sabendo
A infantil revolta da raiva sem remédio

Guardião do sono de meus filhos

Os contemplo com olhos de paimãe.
Meus olhos criam imagens
Que o tempo exala
À feição de fumaça.

Meu coração pertence ao mundo

Ambos contidos um no outro
A ponto de não caber um no outro.

A rendição da palavra

Desisto dizer o que não pode ser dito
À fímbria do sagrado
O sol batendo no vento ou o contrário
Tanto faz
O sol sob minhas pálpebras

Amanhã em Jerusalém

A ponta acerada do cosmos
Que dirige o concerto
Reveste os caminhos de seixos agudos
De dor entanguida, dor gelada!
Enceta então caminhada
Percorrendo vãos caminhos,
Que nunca chegam.
Apenas a promessa
Amanhã estaremos lá.
Sorridentes e afetuosos
Vos acolhemos pelo caminho.
E seguimos pelo caminho.
Que nunca chega.
Por mais que arrastados
Incitados e coagidos,
Fingimos vontade própria
Fingimos alegria e viço.
E arrastamos nossas roupas
Puídas e malcheirosas
Pelo caminho
Que nunca chega.
Amanhã estaremos lá!

Caverna escura infinita

Meu olhar luminoso
Que ponto por ponto
Enceta percurso
Iluminando
Ponto por ponto
A escuridão.
O Amado cria o mundo
De dentro de meus olhos.

Para aonde for levará seu mar

Pra fazer sua ilha seja aonde for

A morte

A perda
De um objeto
Nada mais abjeto que a perda de todos os objetos.

E se me confrange a mim o incognoscível

E pasmo, atônito, o assombro, o desconhecido
Plantado à minha frente
Assumindo o ar do pavão, da perdiz, da morte seca.

Pobre, descobri-me rico

Muito rico

Sou o cursor orgulhoso que desliza pela tela

Chego sempre na frente
Sou a ponta de lança da Força
O processador me segue e obedece.

Vou acontecendo a cada instante

Como?
Nunca sei.
Apenas contemplo este ir acontecendo
Sem comentários.

Poesia

Sou feito de poesia
Que a custo reluto em entender
Proibido por um mar de obscenidades
Que me separam das pessoas
E me proíbem a fonte.

Miguel Arcanjo

Na pedra informe
David enxergou.
E a golpes de malho
Pronto o desvelou.

Formas caóticas

Montanhas roídas
Sol vento chuva.
Rebentos primícias
Queimados pelo fogo.
Escondem ocultos,
Veladas pelo caos,

O círculo perfeito
O triangulo retângulo
A pirâmide
O hipercubo.

Poema do condomínio

Sinfonia de apartados
Todos apartados
Floresta de linhas retas
Geometria nua e crua.
Vossas retas escondem o luar
E o guapo cavaleiro
Entretido em versejar
E a cavalgar
Estremunhado de solidão,
Que o apartado do mundo
Solidifica.

No filme recebes tua própria mensagem
Misturada a tantas outras.

As ossadas de meus maiores

A imagem de minha amada
O calor de meu bebê aconchegante
Os panos velhos de mamãe
Tingiram meu olhar de tão guapa beleza
Que me dói o coração de tanto amor.

Fanatismo

Quanto mais busca a certeza
E mais dela se afasta
Mais ódio intolerante
De um final inalcançável.
A buscar solução tão distante,
Engessas a verdade,
Quebradiça.
(Verdade que sabe a ilusão).
A convencer o outro do delírio
A dissolver sua teimosa dúvida,
Nasce-lhe o ódio ao cético
Inscrito nele próprio
Lhe faz a vida insuportável
Pendurado no ar
Solto no terror de não saber
No limiar da dissolução.

2001 Uma Odisseia no Espaço

Monólito

Geometria

Perfeição

Intencionalidade

Humana divina.

O assombro à Presença

"Se você entendeu o filme nós falhamos" (Kubrick e Clarke)

Porque não é para entender

A arte não explica nem fala

Impacta como um soco.

O apagamento do significante e do significado

É tudo que o foco instantâneo da consciência pode acessar

O passado só existe quando eu o acesso.

Num acesso de lucidez e bonomia nostálgica.

O que não acesso não existe.

Passa a existir quando o crio

Num arroubo de saber.

Grandes e pobres palavras transmissoras da verdade e da mentira

Nirvana não é Deus nem pessoa

O que me comove no ícone não é o que vejo
Mas o que não vejo
Só consigo acessar o ser pelo não ser.
Preciso de uma síntese, duma simplificação
Dos sinais, das ladainhas.

Acordei de madrugada

Querendo muito nascer.
Descobri-me pequenino
Triste por pequeno
Feliz por descobrir.

Toalhinhas dobradas

Caprichosamente
Como não amar o meu amor!

Sobre Viver

Viver Sobre

A navalha.

Velha entanguida de frio

Rumo à padaria.

Blusa surrada

Chita barata

Borrada

Café
Aperto
Seca seco.

Silenciosos

Mesquinhos

Gozos.

Rezar orar pedir amaldiçoar

Lampejo lancinante de humanidade, a expressão da dor, horror e esperança.

Júbilo que se derrama de mim.

O óbvio é invisível

Deus é mais denso de ti que tu mesmo.

Eu sou um instante,

Instante a instante porém contínuo.

Aquilo que me abarca tão completamente

É contínuo de uma forma inimaginável

A Presença é tanta por invisível.

Em vão buscamos um corpo para um nome

Ou um nome para um corpo

Só tenho um nome

Vazio

Nas mãos

Vazias.

Perplexidade,

Perdidas soltas perguntas

Algo que quer nascer

Imprime uma pressão feroz

A meu ventre enxuto,

E a meus olhos

Molhados da dor do homem.

Meu crânio velado
Arquetípico
Viajo pelo mundo
Sou reconhecido, recebido
Todas as casas são minhas
Em todas me descubro a mim mesmo
Sempre igual
Arquetípico.

Dos sonhos embalados
Restam só embalagens.
Vazias.

De repente os caminhos se fecham sobre si mesmos
E desaparecem
Apenas uma estranha ligação permanece

Cada esquina de um verso pode ser a morada de Deus

As coisas do pai não sei onde as guardei.
Talvez estejam em todos os escaninhos.

Matemática

A oração é um perpétuo teorema
Construindo geometricamente verdades
Que sempre existiram algures
Lançando um hálito de carne
Ao desenrolar embevecido.

Desejo

Vós que nunca reclamais
Acedei a meus projetos
Brutais
Intempestivos
Que da aura, numinoso veneno me constrinja
Como o cordão de frio aço me estrangula.

Um poderoso navio

Singrando mares sem fim
Conduzindo povo guerreiro
Que guerreia entre si
Em permanente motim.
Não se sabe donde veio
Não se sabe seu destino.
Não se sabe o seu fim.

Inferno também é poesia

Erguendo a piteira fumegante, longa, agressiva
Atalho para o Éden sem burguês esforço
Funesta atração por Thanatos.
Mortal e letalmente imorredoura
Ao inefável abraço da morte
O fluir dos sentidos para o esquecimento

Despedida

Em toda despedida
Algum nunca mais me toca

Poema da mulher sacrificada

Leite de mamãe fluiu
Por tão pobres e poucos veios!
Leite azedo de ti
Choro convulso de ti
Rangido feroz de dentes
Véus grinaldas odores cordas
Fome inconcebível de ti
Parte de nós perdida para sempre
Quem irá buscar as velhas deusas?
Decifrar peitos e nádegas?
Filhos da assimetria
Do desencontro
Da solidão
Teratologicamente incompletos
Arrastamos nossa metade
Pendida flácida do flanco.
Nossa metade mulher
Que de tão frágil se apagou à luz!
Tão pobres de Ti, mulher.

Hedonista

Asquerosa fixação
Comidas
Comidas
Comidinhas
Comidonas
Só comida, comida, comida.
Exasperadamente!
Sem preencher,
Sem morte, sem dor.
Prazer sem esperança.

Atendei aos inevitáveis clamores

Insopitáveis de minh'alma
Ao que não cabe na minha pobre linguística
Visto que as palavras são do tamanho de minha boca.

Retorno

Mil vezes eu retorno
Refazendo meus caminhos
Singrando velhos destinos.
Mas meus antigos passos
Já se perderam no mar.

Já vi tudo que deveria ter visto

Doravante só repetição

Buscai um espelho certo

Donde sabeis existir
Destacado da anomia
Da aniquilação.

Rosa romã

De vós desejo um abraço
Longo, longo, apertado
Eterno se possível
Até que o tempo nos condene
Mas sei que é mentira, que não pode ser.

Prossiga com a ficção do firmamento

Pois nada é mais verdade
Que o sol de seu semblante
Seja ele real ou verdadeiro

Íntima

De ti engalanada, flor de Sion,
Entre duas colunas de mármore
O caminho do paraíso.
Descarrega a eletricidade
Até a ínfima gota

Não tenho estrelas

Não tenho lua
Não tenho sol nem firmamento
Não tenho nada
Só o fremir do sentimento

Brotou de não sei onde um juvenil fulgor

No plexo solar turbulento fragor
Eletricidade no sangue
Vislumbramos um caminho novo
Também abismo.

No silêncio da dor

A ruidosa Presença
Invisível por onipresente
Como o Filho
Humilhado e ofendido.

Sutil curva de teu colo

Anjo que invadiu meus olhos!
Não te gosto nem te quero
Mas a curva de teu colo
E teu trinado dolente.
Me desejam desejar-te
Desesperadamente
Incessantemente
Repetidamente.
Mesmo que não te ame e nem te queira
Me dissolvo em lúbrica e deslizante adoração.
Estou paralisado mil anos
Mil anos travado imoto
Um único gozo expectante
Da sutil curva de teu colo
Pois nada mais me importa doravante
Senão a sutil curva de teu colo.
De mais nada eu preciso
E nem mais louco conseguirei ficar
Basta-me apenas
A sutil curva de teu colo.

As lembranças perdidas dentro de ti

Esquecidas para sempre
Se transformaram em harmonia
Em poesia, em prosa, em música
Perdidas para sempre.

Teu sorriso sério aberto

Expectante
Uma doce e espantosa voragem.

És a cratera do vulcão que me explodiu

Em miríades de estrelas onde eu mais existo

Vossa ensolarada alegria

Ao sol, aberta,
Vossas carnes, cabelos, aromas
Escancaradamente invasores.
Sois o centro do Universo.

Enfim quero morrer muito!
De êxtase quero morrer
Pois se não for Deus
Teu sorriso,
Não sei o que é Deus nem sorriso.

Perfume feiticeiro de vosso corpo, para quê?
Nasceu ele de mim só para mim.

Tudo se tornou violeta
Tudo!
Profundo, misterioso
Como um diamante violeta
Enganosamente translúcido
Destilando o insondável báratro
Do fim sem começo e começo sem fim
Alucinada eletricidade
A fechar circuito.
Entraste em mim sem pedir
Num fusional abraço

De loucura programada.
Atenta, lenta pausada e recuada
Mas sempre incontida
Inexorável
Enfim o céu turquesa escancarou-se-me ao ver-te
Por que gritas com olhos em que exangue pereço?
Imploro-te um cósmico silêncio
Onde explodem miríades luminosas
Que atônito contemplo.
Proíbo-te, boca, de ousar
O que, suspenso,
Permaneço a te implorar

Do inominado

Como posso explicar seus lábios
Espessos entreabertos, como?
E, no entanto, eu a perdi
Para sempre eu a perdi.
E o silêncio foi abafando a vida
Estéril caldo azedo em que se tornou minha boca
Feita em lavor de sutil veneno
Rescendendo a flor de resedá
E ao louro acre da papoula.
Prendei-vos pela estéril nostalgia do alguidar

Erguido pela forte cozinheira
Perdida ligação com a terra molhada
E o inútil vazio que não preenche
Em mim, que nasci logo ao morrer.

Hino do amor ao amor
Nas vascas agônicas do amor desespero
Em vão sucumbimos ao apagamento
De apaziguar o furor animal que nos prendia

Morrer me foi a triste herança de teu olhar
Onde busco o sol agora esmaecido
Virei espectro deslizante
De amor tornado exultante
Cada átomo movente
Atento e pendente
De teus lábios.
Nada mais importa nem existe
Basta apenas um sinal esboçado
Minha vida
Minha morte

Minha hora
Minha honra
Pendente
Doravante
De teus lábios.

Que sois que me fizestes
Tao vil compadecido?
Que tanto vos busquei sem saber o nome
Que tanto fiz em vos achar que vos soube tão outra
Tão inútil busca
Circular
Espiral
Alucinada
Sem fim
Sem sentido

Galopai em campos céleres de cornetas
Que de tanto galopar em vão
Voltaste ao ponto de partida.
E em vão uniste teus vãos despojos

A meus restos decadentes
Em vão o brilho ofuscante de teu sol
Sol, solar, mudo e silente
Em vão te abrigaste
Protegida
Em meus potentes ombros

Magnetizado, bebeu vossa indisfarçável beleza
Esgazeado a vos mirar.
Encantamento!
Os olhos não se cansaram de olhar
Insaciáveis!
E que sôfregos sugaram
Vossa inimaginável beleza
Inútil!
Mente!

Quão rico é o encanto posto ser fugaz!
Onde acharei de novo este momento
Que impregnou meus poros de magia?
Que se me escoou pelos dedos, imperdoável.

Nunca mais
Nunca mais
Nunca mais esse momento.
Porventura acharei a pérola perdida no oceano?

De vós, nosso olhar se abeberou infindável
Gulosamente.
De tal encantamento que se extinguiu o tempo.
Os séculos dos séculos condensados no momento.
(Celebrando uma visão súbita)

Templo

Braços erguidos
Abertos para o céu.
Geometria perfeita
Humano
Divino.

Nascimento em morte

Como dói nascer,

Espremido

Canal

Anóxico

Tóxico

Terrífico

Pulsante morte!

O Éden expelindo

Furibundo

Membranas

Sangrentas.

A morte recolhendo seus torpes e sanguinosos despojos

E a secura gelada que se esbate em seu corpo seco

A infinita dor de costelas comprimidas

O respirar sôfrego arquejante inusitado

Enfim vai existindo aos poucos com a dor da morte,

Com o sinistro esgar desta secura infernal

Oh, morte dolorosa, mucoso esquecimento.

A poesia não fala

Mas desperta

O silêncio em volume máximo

Que assusta e paralisa.

Linguagem paradoxal

Brinca com as palavras

Que nada podem dizer

Daquilo que não pode ser dito

(Oh, silêncio, de tão alto me impregna de dor e majestade)

Oh, Deus, agitai a longa alma

Que sou Ti

Sou Vós

Sou Ele. Sou Eu.

Sou dor tremulante de prazer

(Quando vi, as palavras me jogaram num canto esconso de minh'alma, ignoto e indesejado. Nem por isto menos verdadeiro nem menos mentiroso).

Apenas Dele eu falo.

Tu falas, nós falamos, apenas Dele.

O tempo todo. Todo o tempo.

Todo o tempo esconjurando

Traduzindo

Criando as não-palavras

Que afinal são meras palavras.

Que jogo na valeta comum dos impropérios,

Desidérios santérios e filactérios!

Pois que Ele não está em cima (nem embaixo)

Também não está dentro de nós (nem fora)

Pois que a língua dos paradoxos, assim como o ritual, a poesia e a música

Consolações

Tentam não dizer o Indizível, nem ver o Invisível.
Quebrei todas as minhas fôrmas de barro.
Busco o Caminho, a estrada solitária, solitário.
Ninguém dorme comigo nem mora nem come comigo
E nunca estou sozinho nem abandonado.

Eu sei perder, mas por que amputar metade de mim?
Por que ela se fez de mim metade
Se ia me partir ao meio?
Por que me deixa vivo morto seco?
Que já secaram as lágrimas vertidas
Desta metade ressequida e frágil.

Do triturado Jó
O amor por amor

Agonia e perda

A prensa do lagar
Me esmaga
O azeite brota de mim
Milagre.
Esmagada sim tenho
A alma imorredoura
Que dos olhos brotam
Espremidas gotas
Morte próxima
Não me iludes, Senhor
Pois é chegado o momento
Que espreito inevitável
E vão sendo cortadas de mim
As horas e os minutos.
Acuado
Pavor do eco dos sinistros passos que já me alcançam.

O não haver sentido é que me assombra!

O não haver registro.

Assinala a Presença óbvia do Mistério.

Presença que se instala leve e invisível.

O consolo? Jamais o consolo

Nem a recompensa nem castigo.

É o achatado razoar vazio e inútil do sofisma.

Tu és criador, dizem

Mas isto não procede

Criar é coisa do século

Um lado Criador

Outro lado criatura

Como pode algo ser O Criador

Não sendo criatura?

O Sagrado é sempre uno

Não se descreve

Nem se desvela

Apenas silencioso espanto

Em terna adoração

Dele não se fala mesmo em silêncio

Dele não se pede nem se implora

Ele não é Ele. Não é terceira pessoa

Nem segunda nem primeira.

Somente silêncio reverente
Engulo pobres palavras.
Ele não cabe em palavras

Cheiro de sangue e mirra

O estupor que meus nervos vomitam
Escatológicos gorgulhos profanos.
Numa explosão de horror embevecido
De furibundo despregar de tenazes
Acachapantes
Tua boca, teus olhos e ouvidos
Despedem chispas de silêncio.
Não és tudo, não és nada
O silêncio prosternado
Silencioso e nulo.

Dissolva-me, Deus, em poeira da estrada

Prosternar-me-ei jubiloso
Até me apagar em chão
E me transformar em poeira
Perpétua adoração ao chão prostrada.

Quando oro a Ti implorando
Celebro uma explosão de assombro!
O Divino Sagrado em mim

Vamos celebrar o espanto
Quando imploramos graça
Ou pedimos em desespero
Vamos mostrar o amor
Louvante e adorante
Ao que mora em nós
Além e acima de nós.
Como Tereza D'Ávila
Amor é incondicional
Não amamos por temor
Ou recompensa
Mas por amor tão somente.

Pontos nodais e privilegiados do mundo
Onde sou plena adoração
Onde saio de mim e entro no meu próprio eu
Onde o real é dissolvido.

Deus não é a natureza, fria, ateia disfarçada
Apenas mistério indizível em forma de Mim.

És dor arrancada de minhas entranhas
O grito dilacerante que rasga minha garganta
Implorando Tua atenção.
Sou o pó do chão onde me prosterno
Em perpétua adoração a Ti
Sou o pó do mundo
Sou a corda que vibra em meu coração
E que melodia em Tua honra

O encontro
Cachorro vira-lata
Nossos olhares se cruzaram
Uma chispa
Um encontro.
A descoberta
De existir
O ignorado

O desconhecido e não sabido.
Das pontas de um invisível fio,
Uma rarefeita comunhão.

A mão

Estendida sobre o caderno

Delicada e tênue

Assim eu a perdi

Para sempre.

Assim ela ficou

Somente a mão sem corpo.

Meu cachorro de vidro

Foi ficando surdo e cego aos pouquinhos. Da varanda de vidro contemplava os ruídos da rua que foram sumindo, sumindo sem saber por quê. Foi acontecendo devagar, sem aviso, sem tragédia. O rabo sempre um espanador alegre e nem uma partícula de perplexidade lhe turvara os olhos, inúteis enfim.

Nuvem obra do Demo

Satanás é o nome
Do invisível horrendo
Que habita em Mim

Redescobrindo "De profundis"

Das profundezas de meu desespero
Eu clamo a Vós, Ó Eterno!
Escutai meu grito, Senhor Meu Deus!
Ouvi meu clamor desesperado!
Mostrai vosso rosto!
(Que sequioso de Vós padeço a ausência)
Apurai meus ouvidos para vos ouvir
Que tão dentro de mim estais que não vos ouço
Lançai um fiapo de esperança
A mim, náufrago de meus pecados
Despertai a prolongada noite que resseca
Pois que havendo noite sei que haverá dia
Pois que da escuridão Vós me darás à luz.